Walther Vogel

Deutschlands Lage zum Meere im Wandel der Zeiten

Walther Vogel

Deutschlands Lage zum Meere im Wandel der Zeiten

ISBN/EAN: 9783954273485
Erscheinungsjahr: 2013
Erscheinungsort: Bremen, Deutschland

© maritimepress in Europäischer Hochschulverlag GmbH & Co. KG, Fahrenheitstr. 1, 28359 Bremen. Alle Rechte beim Verlag und bei den jeweiligen Lizenzgebern.

www.maritimepress.de | office@maritimepress.de

Bei diesem Titel handelt es sich um den Nachdruck eines historischen, lange vergriffenen Buches. Da elektronische Druckvorlagen für diese Titel nicht existieren, musste auf alte Vorlagen zurückgegriffen werden. Hieraus zwangsläufig resultierende Qualitätsverluste bitten wir zu entschuldigen.

MEERESKUNDE

SAMMLUNG VOLKSTÜMLICHER VORTRÄGE
ZUM VERSTÄNDNIS DER NATIONALEN BEDEUTUNG VON
MEER UND SEEWESEN

| HEFT 76 |

DEUTSCHLANDS LAGE ZUM MEERE
IM WANDEL DER ZEITEN
VON Dr. WALTHER VOGEL

| 7. Jahrgang | BERLIN 1913 | Preis |
| 4. Heft | ERNST SIEGFRIED MITTLER UND SOHN
KÖNIGLICHE HOFBUCHHANDLUNG
KOCHSTRASSE 68—71 | 50 Pf. |

MEERESKUNDE

SAMMLUNG VOLKSTÜMLICHER VORTRÄGE
ZUM VERSTÄNDNIS DER NATIONALEN BEDEUTUNG VON
MEER UND SEEWESEN

SIEBENTER JAHRGANG　　　　　　　　VIERTES HEFT

Deutschlands Lage zum Meere im Wandel der Zeiten.

Von Dr. Walther Vogel.

Die Lage eines Landes zur See ist scheinbar eine so konstante Größe, daß man es für paradox halten möchte, von ihren Veränderungen zu sprechen. Aber wir brauchen gar nicht in die Ferne zu schweifen, um das Gegenteil zu erkennen. Das Königreich Serbien ist bekanntlich bisher — von den Miniaturstaaten abgesehen — neben der Schweiz der einzige europäische Staat gewesen, der keine Berührung mit der See hatte. Ob das auch in Zukunft der Fall sein, oder ob Serbien ein Seestaat werden wird, das eben ist die Frage des Tages. Also politische Grenzverschiebungen können die Lage eines Landes zur See ändern, und wir werden noch sehen, daß das in Deutschland in erheblichem Maße der Fall gewesen ist. Aber das ist nur eine Seite der Sache.

Das Wort »Lage« deutet immer ein Verhältnis zwischen zwei Größen an. Nehmen wir nun Deutschland und die See als rein physisch-geographische Begriffe, so erscheint deren Verhältnis zueinander in der Tat fast unveränderlich, von unverrückbarer Dauer. In diesem Sinne spricht man wohl von der Stabilität geographischer Verhältnisse z. B. der Verkehrsentwicklung, gegenüber dem Wechsel, dem Schwanken der wirtschaftlichen Verhältnisse. Allerdings ändern sich auch die physisch-geographischen Verhältnisse, doch meist so langsam, daß wir hier füglich davon absehen können. Küsten heben und senken sich, Flüsse ändern ihren Lauf, Häfen versanden. Für einen einzelnen Platz können dergleichen physisch-geographische Veränderungen von großer Bedeutung werden; es sei etwa an Brügge am Swin, den jetzt versandeten Welthafen des Mittelalters erinnert. Aber für ein ganzes großes Land, wie Deutschland, gehen diese Veränderungen, wie gesagt, zu langsam und unmerkbar vor sich, als daß sie für die Bevölkerung, für den geschichtlich-politischen Begriff Deutschland erheblich ins Gewicht fielen. Morphologie und Geologie messen eben nach anderem Zeitmaß als die Geschichte. Die geologisch-morphologischen Lageveränderungen des Landes in diesem Zusammenhang zu berücksichtigen, das wäre, als ob man in den Vorgängen eines einzigen Werktages die großen Wandlungen eines ganzen Menschenlebens aufspüren wollte.

Wenn wir von Deutschlands Lage zur See sprechen, denken wir eben nicht in erster Linie an die physisch-geographischen Begriffe »Deutschland« und »See«, sondern an die anthropo-geographischen, also an zwei verhältnismäßig weit weniger feste und unveränderliche Größen. Deutschland ist uns in diesem Sinne nicht der ein für allemal festliegende geographische Begriff des Landes zwischen den Alpen und der Nord- und Ostsee, von der Maas im Westen bis zur Memel und Weichsel im Osten, sondern das von Deutschen bewohnte und beherrschte Land, das, wie ich schon am Anfang sagte, erhebliche Grenzverschiebungen erfahren hat. Es gab eine Zeit, wo man nicht hätte singen können: »von der Maas bis an die Memel«, sondern nur etwa: »von der Maas bis an die Elbe«. Und die See ist uns in diesem Zusammenhang nur wichtig als Trägerin des Verkehrs, als Welthandelsstraße. Ich möchte also das Thema des heutigen Abends, genauer, schärfer fassen und einschränken auf die Frage: Wie war im Laufe der Zeiten die geographische Lage Deutschlands im Hinblick auf seinen Anteil am Seeverkehr? Man kann nämlich die Lage eines Landes zum Meere noch von anderen Seiten betrachten, z. B. von der militärischen. Von dieser möchte ich aber bei den heutigen Erörterungen vollständig absehen.

Vielleicht haben Sie schon den Eindruck gewonnen, daß die Erörterung dieser Dinge ziemlich verwickelt ist. Damit Sie nun nicht das Gefühl haben, mit mir in das Uferlose hinauszusteuern, will ich Ihnen meinen Kurs ganz genau angeben. Es gilt 1. festzustellen, was man überhaupt unter günstiger und ungünstiger Lage zur See verstehen kann. Es wird 2. notwendig sein, eine Skizze der für unsere Frage wichtigen physisch-geographischen Eigenschaften Deutschlands, seiner Küsten und der angrenzenden Meere zu entwerfen, als Grundlage zu den späteren Auseinandersetzungen. Der physisch-geographische Begriff »Deutschland« aber deckt sich — ich deutete es schon an — nicht mit dem im Laufe der Zeit schwankenden anthropogeographischen. Wir müssen daher 3. den letzteren genauer feststellen, d. h. die Frage beantworten: wie weit berührte das eigenstaatlich organisierte deutsche Volkstum — ich sage absichtlich nicht: das Deutsche Reich — zu verschiedenen Zeiten die See. Endlich heißt es noch 4. den Verlauf der wichtigsten Wege der Weltschiffahrt in alter und neuer Zeit, soweit sie für Deutschland in Betracht kommen, kennen zu lernen, und aus dieser Kenntnis im Verein mit den früheren Feststellungen können wir dann den Schluß ziehen und die Antwort auf die gestellte Frage geben

Was heißt: ein Land hat eine günstige Lage zur See? Allgemein gesprochen, kann man darunter nur verstehen: seine Häfen sind so gelegen, daß sie kraft ihrer geographischen Lage einen großen Seeverkehr an sich ziehen und den Anforderungen dieses Verkehrs keine natürlichen Hindernisse bieten. Es muß aber dabei scharf zwischen der günstigen Lage eines einzelnen Hafens und eines ganzen Landes unterschieden werden. Ein einzelner Hafen kann eine hervorragend günstige Lage z. B. als Zwischenstation (Kohlenstation, Wasserstation) einer wichtigen Schiffahrtsroute besitzen, ohne daß dies für das ganze Land von größerer Bedeutung wäre. Beispiel: Gibraltar liegt als Hafen sehr günstig; aber auch wenn es spanisch und nicht britisch wäre, würde diese günstige Lage von Gibraltar die Lage Spaniens als Ganzes zum Seeverkehr nicht erheblich verbessern. Man kann geradezu das Paradoxon aufstellen: alle Häfen eines Landes können günstig gelegen sein, und das Land als Ganzes besitzt doch eine ungünstige Lage zur See. Bei der Lage eines ganzen Landes zur See kommt es eben nicht bloß auf die Küstengestaltung, die Zugänglichkeit der Häfen usw. an, sondern auf die Zugänglichkeit und Beschaffenheit des Hinterlandes, auf die Lage zu den Nachbarländern, zum ganzen Erdteil und dergleichen. Z. B. möchte ich behaupten, daß die Häfen Frankreichs im einzelnen durch ihre Lage vielfach vor den deutschen Häfen begünstigt sind; als Ganzes aber hat Deutschland, so seltsam dies manchem klingen mag, gegenwärtig eine günstigere Lage zum Seeverkehr als Frankreich. Zu den Erfordernissen der günstigen Seelage eines Landes gehört es schließlich auch, daß seine Bewohner durch die Lage auf Anteilnahme an Seefahrtsbetrieb und Reederei hingewiesen werden. Um einem Lande einen Anteil am Seeverkehr zu sichern, dazu genügt schließlich ein einziger

Hafen. Denken Sie an die Rolle, die Danzig einmal für Polen gespielt hat. Will es aber eine leistungsfähige Handelsmarine besitzen, so ist eine gewisse Küstenentwicklung des Landes notwendig. Denn Küstenschiffahrt und Fischerei sind die Schule der Seemannschaft.

Welches sind nun die hervorstechendsten physisch-geographischen Charakterzüge Deutschlands, die mit seiner Lage auf der Erde und speziell seiner Lage in Europa zusammenhängen und für seine Verkehrslage zur See von Bedeutung sind? Um diese Frage zu beantworten, ist es notwendig, die Struktur des europäischen Kontinents kurz zu charakterisieren. Die Achse des Kontinents ist von O nach W gerichtet. Die Alpen und die östlich und westlich anschließenden Gebirgssysteme bilden gewissermaßen den First des Erdteils und scheiden ihn in eine südliche und nördliche Abdachung. Die Länder der südlichen Abdachung erhalten ihren gemeinsamen Charakter durch das Mittelmeer, das sie mit den benachbarten Küsten Nordafrikas und Westasiens zu einer einheitlichen Kulturzone, dem Schauplatz der antiken Zivilisationen und Weltreiche, verbindet. Rücken an Rücken mit dem mittelmeerischen oder Mediterranen Europa liegt die nördliche Abdachung des Erdteils, der ein so einheitlicher Charakter und damit auch ein gemeinsamer Name fehlt. Wir wollen sie mangels einer besseren Bezeichnung das Atlantische Europa nennen, worunter also alle an das atlantische Randmeer im engeren Sinne, an die Nordsee und Ostsee angrenzenden Länder verstanden werden. Die Grenzscheide zwischen dem mittelmeerischen und dem atlantischen Europa liegt dem Südrande bedeutend näher. Daraus folgt, daß die Abdachung des atlantischen Europa zum Meere weit flacher und ausgedehnter ist. Die Wichtigkeit dieser Tatsache springt in die Augen. Die Tiefebenen und

Mittelgebirgsländer des atlantischen Europa sind der Sitz einer weit zahlreicheren, dichtersiedelnden, gewerbtätigeren Bevölkerung, als sie die mittelmeerische Seite beherbergt. Deutschland nun liegt in der Mitte des atlantischen Europa und seines Meeresrandes. Damit ist seine Lage im Verhältnis zum Erdteil genügend charakterisiert. Eine besonders wichtige Eigentümlichkeit des deutschen Küstenstücks ist das weite Vorspringen der jütischen Halbinsel nach Norden, wodurch die Ostsee wie mit einer Schranke von den übrigen Küstenmeeren abgeschlossen und fast zu einem großen Binnenmeer umgewandelt wird. Das Vorspringen dieser gewaltigen Landschranke schafft für die Punkte des besten und kürzesten Übergangs, seit dem späteren Mittelalter besonders Hamburg und Lübeck, eine außerordentlich günstige Verkehrslage. Wichtiger sind uns in diesem Zusammenhang die physikalischen und klimatischen Folgen der Abschnürung der Ostsee. Diese bildet ihrer Wesensart nach einen Übergang zu den Landseen. Sie hat keine Ebbe und Flut, ist wesentlich salzärmer und infolgedessen, wie auch infolge ihrer nordöstlicheren Lage und ihrer größeren Entfernung vom Golfstrom der Vereisung stärker ausgesetzt als die Nordsee. Wir werden später sehen, was es zu bedeuten hat, daß drei Viertel der deutschen Küste an einem gezeitenlosen, normalerweise einige Wochen oder Monate in den Buchten und Flußmündungen zufrierenden Meere liegen.

Die Länge der Grenze des heutigen Deutschen Reiches beträgt rund 7675 km. Davon entfallen rund 2470 km auf die Seeküste, also etwa 32 %. Zum Vergleich führe ich an, daß die Seegrenze beträgt:

bei Großbritannien und Irland 100 % der Gesamtgrenze,
„ Frankreich . . . . . 57 % „ „
„ Italien . 78 % „ „

bei Spanien . . . . . 57 % der Gesamtgrenze,
„ Portugal . . . . . . 50 % „ „

Das Deutsche Reich ist also in der Ausdehnung seiner Küste nicht besonders begünstigt, aber die Küstenentwicklung genügt, um einer bedeutenden Küstenschiffahrt Nahrung zu geben. Ihre besondere Komplikation erhält diese durch das schon erwähnte Vorspringen der Jütischen Halbinsel, das die Verbindung zwischen beiden Küstenhälften schwierig macht.

Ihrer Natur nach ist die deutsche Küste überwiegend Flachküste, nur an wenigen Stellen, namentlich in Hinterpommern und im preußischen Samland, hafenlose, schwer zugängliche Steilküste. Ich will damit nicht sagen, daß die Flachküste besonders leicht zugänglich sei. Im Gegenteil, nur die Föhrden im westlichen Teil der Ostseeküste sind darin der Schiffahrt günstig, dagegen bieten sowohl das Wattenmeer an der Nordseeküste wie die Bodden- und Haffküste Mecklenburgs, Pommerns und Preußens in der Ostsee der Navigation erhebliche Schwierigkeiten. Anderseits gewähren die Haffe und Bodden vielfach kleinen Küstenfahrern die Möglichkeit sicheren Verkehrs zwischen benachbarten Flußmündungen; sie sind der gegebene Nährboden, der natürliche Entwicklungsplatz der kleinen Küstenschiffahrt. Ähnlich wirkt an der Nordsee das Watt mit der vorliegenden Inselkette. Es ist also auch hier jene Verbindung von Entgegenkommen und Strenge vorhanden, die, wie es scheint, der Erziehung der Völker wie der Einzelmenschen gleich förderlich ist. Der sattsam bekannte rauhe Charakter der nordischen Küstenmeere mit ihren Nebeln, Strömungen, Stürmen tut das Seinige, den deutschen Seemann in eine harte Schule zu nehmen. Weit wichtiger aber als die Art des Küstensaums selbst ist für den Verkehr das, was hinter der Küste liegt, ist die Verbindung mit dem Hinterland. Und hier kommen wir nun auf den Faktor, der der Lage der deutschen Küste erst ihren eigentlichen Wert verleiht: das deutsche Stromsystem. Friedrich Ratzel bezeichnet die Flüsse vom Standpunkt des Seeverkehrs als Verlängerungen des Meeres in das Land hinein, und von diesem Gesichtspunkt aus springt die außerordentliche Bedeutung der Ströme für die Erschließung des Landes nach der See zu in die Augen — eine Bedeutung, die durch die Eisenbahnen zwar eingeschränkt aber keineswegs aufgehoben oder auch nur wesentlich gemindert wird. Eine Küste mag noch so günstig zu den Welthandelsstraßen liegen, fehlen ihr die Flüsse, die auf ihrem breiten Rücken die Seefrachten auf- und abwärts tragen, so ist die Gunst der Lage mehr oder minder umsonst. Denken Sie z. B. an Marokko! Und was könnte Triest für Österreich bedeuten, wenn es, statt das öde, nur durch kostspielige Eisenbahnbauten überwundene Karstgebirge im Rücken zu haben, an der Mündung eines großen schiffbaren Stromes läge! Auf den deutschen Strömen beruht zu einem guten Teil die Blüte der deutschen Seeschiffahrt, von der Zugänglichkeit und Befahrbarkeit der Flüsse, von der Erleichterung oder Erschwerung der Flußschiffahrt hängt das Wohl und Wehe der Seeschiffahrt sehr wesentlich ab. Das ist zwar allen Einsichtigen von jeher bekannt gewesen, aber erst in neuerer Zeit hat man begonnen, dem engen Zusammenhang zwischen See- und Flußschiffahrt die gebührende Beachtung zu schenken.

Das deutsche Stromsystem gehört zu den größten und leistungsfähigsten in Europa. Wenn man, wie es jedenfalls für das spätere Mittelalter, die Blütezeit der hansischen Schiffahrt, volle Berechtigung hat, alle in Nordsee und Ostsee einfallenden Flüsse von der Maas und dem Rhein bis zum Niemen dem deutschen Stromsystem zuzählt, so besitzt dieses ein Einzugsgebiet von 837000 qkm mit gegenwärtig etwa 85 Millionen Einwohnern. Demgegenüber steht das französische Stromgebiet (Rhone, Garonne, Loire, Seine) mit nur 382000 qkm und etwa 40 Millionen Einwohnern, Großbritannien und Irland mit 315000 qkm und 45 Millionen Einwohnern. Selbst wenn man Rhein und Maas außer Betracht läßt, also nur diejenigen Flüsse mitzählt, die innerhalb der Grenzen des heutigen Deutschen Reiches münden, bleibt deren Gebiet mit 600000 qkm und etwa 67 Millionen Einwohnern immer noch das umfang- und verkehrsreichste natürliche Hinterland irgendeiner Gruppe von Seehäfen, die einem europäischen Staatsverband angehören. Ausgenommen ist nur das südrussische Stromgebiet des Don, Dnjepr und Dnjestr mit 1322000 qkm, also von mehr als dem doppelten Umfang, ein Gebiet, das jedoch weniger Einwohner (ca. 60 Millionen) zählt und weit weniger gewerbereich ist, als das deutsche. Auch das Donau-Stromgebiet mit 800000 qkm hat wegen der großen Länge und der schwierigen, erst neuerdings verbesserten Befahrbarkeit dieses Stromes, wegen der Entlegenheit der Mündung, der politischen Vielgestaltigkeit der durchströmten Gebiete usw. nie denselben Verkehrswert besessen, wie das deutsche Stromgebiet. Natürlich genügt es nicht, die Raumgrößen und Bevölkerungszahlen zu vergleichen, man muß auch die Dauer der Vereisung, die mehr oder minder gute Befahrbarkeit usw. in Betracht ziehen, doch würde uns die Erörterung dieser Dinge hier zu weit führen. Es mag also der allgemeine Hinweis auf die Bedeutung des deutschen Flußsystems für die Verkehrslage der deutschen Küste genügen. Eine Eigentümlichkeit dieses Flußsystems aber muß noch hervorgehoben werden. Im allgemeinen geht die Streichrichtung der großen deutschen Ströme von SO nach NW. Oder und Weichsel zeigen jedoch in ihrem Unterlaufe einen auffälligen Knick, indem sie plötzlich nach NO umbiegend die Baltische Seenplatte durchbrechen. Dieser Durchbruch ist geologisch jungen Datums, ursprünglich bildeten Weichsel, Oder und Elbe ein großes Stromsystem, den norddeutschen Urstrom oder die Urweichsel, die in die Nordsee mündete. Noch heute wirken diese Verhältnisse verkehrsgeographisch stark nach. Das Urstromtal — wir befinden uns hier in Berlin mitten darin — ist noch heute die natürliche große Verkehrsader für Kanäle, Landstraßen und Eisenbahnen Norddeutschlands. Es ist selbstverständlich nicht gleichgültig, daß Schlesien und die Mark kaum minder zur Einflußsphäre der Nordsee als zu der der Ostsee gehören, und wir werden noch darauf zurückkommen, was dieser Umstand zu gewissen Zeiten für die Verkehrslage Deutschlands zu bedeuten hatte. Der Berliner Handel hat zu allen Zeiten — wir besitzen dafür schon Beweise aus dem 13. Jahrhundert — mehr nach Hamburg als nach Stettin geneigt.

Was ich eben das deutsche Stromsystem nannte, ist nun aber keineswegs immer in der Hand der Deutschen gewesen. Ich gehe dazu über, einen kurzen Blick auf die Gestaltung der politischen Grenze Deutschlands an der Seeküste zu werfen.

In der ältesten germanischen Zeit war die Nordseeküste bis zum Rhein, die Ostseeküste bis jenseits der Weichsel von Germanen besetzt. Die Völkerwanderung brachte einen völligen Umschwung mit sich: die südliche Ostseeküste wurde gänzlich von Germanen verlassen, an deren Stelle allmählich Slaven einrückten. Aus der Zeit um 500 etwa stammt das letzte Germanengrab in Mecklenburg. seitdem stießen Dänen und Wenden an der Kieler Föhrde unmittelbar aneinander.

Das werdende Deutsche Reich stand nur an der Nordseeküste mit dem Meer in Berührung. Seine Seebasis war verhältnismäßig schmal, der Rhein war die große

Verkehrsader, die auch die entlegeneren Teile im Süden mit der See verband; die Elbe hatte noch keine Bedeutung als Verkehrsweg, sondern war wesentlich Grenzstrom.

Ist also der Zusammenhang Deutschlands mit der See um 1100 auf ein Minimum reduziert, so sehen wir hundert Jahre später das gerade Gegenteil. Jene gewaltige Auswanderungs- und Siedlungsbewegung, die man unter dem Namen der ostdeutschen Kolonisation begreift, brachte in weniger als einem Jahrhundert die ganze Südküste der Ostsee bis zur Memel und darüber hinaus in deutsche Hand. Zwischen 1200 und 1500 hat das ungeteilte deutsche Volkstum die größte Ausdehnung längs der See erreicht, die ihm jemals beschieden war. Utrecht am Niederrhein war in dieser Zeit sogut eine deutsche Seestadt wie Riga an der Düna. Denn wenn auch das Deutschtum in Livland nur eine dünne Oberschicht bildete, so beherrschte doch die deutsche Kolonie an der Mündung den Dünahandel und stand im engsten politischen und wirtschaftlichen Zusammenhang mit den Volksgenossen weiter im Westen.

Um 1500 hat jedoch eine Periode der Abbröckelung bereits eingesetzt. Am frühesten löst sich die Bewohnerschaft der Niederlande von dem deutschen Volkskörper. Den entscheidenden Schritt bildet hier nicht etwa der Unabhängigkeitskampf gegen Spanien oder gar der Westfälische Frieden, der vielmehr nur eine längst vollzogene Tatsache bestätigte, sondern der Anfall der niederländischen Provinzen an das Burgundische Reich gegen Mitte des 15. Jahrhunderts. Unter den burgundischen Herrschern schlug namentlich Holland gerade auf dem Gebiet der Seeschiffahrt und Seepolitik durchaus eigene Wege ein, in bewußtem und scharfem Gegensatz zur Vertretung der Seeinteressen des übrigen deutschen Volkes, zur deutschen Hanse. An der Reichsreform am Ende des 15. Jahrhunderts haben die Niederlande nur noch formellen, nicht mehr tatsächlichen Anteil: der Burgundische Kreis, zu dem sie zusammengeschlossen wurden, ist nie in Tätigkeit getreten. Seitdem endlich Karl V. durch die Erwerbung Utrechts, Gelderns und Frieslands den Ring des burgundischen Hausbesitzes um die Zuidersee schloß und seitdem die nördlichen Provinzen ihre Unabhängigkeit errungen hatten, kann man sagen, daß die Rhein- und Maasmündung der deutschen Herrschaft entzogen war. Gleichzeitig, Mitte des 16. Jahrhunderts, ging Livland dem Deutschen Reich und der Hanse verloren. Hundert Jahre später ist der Abbröckelungsprozeß vollendet. Nach dem Westfälischen Frieden 1648 stehen die Mündungen aller großen deutschen Ströme unter fremder, niederländischer, schwedischer, dänischer, polnischer Kontrolle, und die wenigen Hansestädte, die noch eine eigene deutsche Flagge auf dem Meere zeigten, waren von dem guten Willen der fremden Mächte abhängig. Nur noch ganz dünne Fäden verbanden den Körper des Deutschen Reiches mit dem Meere, man hätte glauben können, es sei ein Binnenstaat geworden. Zwar blieben die Küstenanwohner von der Ems bis zur Memel auch unter fremder Obrigkeit Deutsche, aber von einer gesamtdeutschen Seepolitik, die die Vorteile der Lage dem eigenen Volkstum zugewandt hätte, konnte keine Rede mehr sein. Wie sich dieser klägliche Zustand unter brandenburgisch-preußischer Führung allmählich geändert hat, brauche ich im einzelnen nicht zu schildern. Mit den Ereignissen des Jahres 1866, die die Elbmündung wieder in deutsche Hände brachten, ja, wenn man will, erst mit der Erwerbung Helgolands 1890 ist der Prozeß der Wiederannäherung Deutschlands an die See vollendet. Aber die wichtigste deutsche Strommündung, die des Rheins, hat sich unserer politischen Leitung für immer entzogen.

Sie sehen, ganz gewaltige Veränderungen hat Deutschland — als anthropo-geographischer Begriff gefaßt — in seinem Zusammenhang mit der See durchgemacht. Es hat Zeiten gegeben, wo seine Berührungsfläche zur See nur schmal war, andere, wo es sich breit nach der See zu aufschloß, und wieder andere, wo die Verbindung mit der See völlig zu verschwinden schien. Ich komme nun zu dem anderen Faktor, der die Lage Deutschlands zur See — in dem Sinne, in dem wir sie gefaßt haben: als Verkehrslage — mitbestimmt, die Seehandelswege. Indem wir ihren Verlauf in den verschiedenen Zeiten ermitteln und ihr Verhältnis zu dem jeweiligen politischen Begriff Deutschland feststellen, wird die Aufgabe des heutigen Abends gelöst sein.

Ich beginne mit der Zeit, wo der deutsche Staat sich zu bilden begann, d. h. mit der ausgehenden Karolingerperiode. Der Handel steckte damals, technisch gesprochen, noch in seinen Anfängen, namentlich fehlte die eigentliche Grundlage des Seehandels, der Massentransport gewerblicher Rohstoffe. Die Länder östlich der Rheinmündung waren auch noch zu wenig entwickelt, um einem bedeutenderen Seehandel Nahrung zu geben. Weiter fortgeschritten war England, und mit diesem Lande bestand daher die regste Verbindung. Die kurze Nordseefahrt nach England war eigentlich nur die Fortsetzung der Rheinschiffahrt; denn Rheinwein, auch wohl vom Oberrhein herabgeflößtes Bauholz, und in den Niederlanden fabrizierte Tuche bildeten die wichtigsten Exportgegenstände. Denselben Weg gingen auch levantische Gewürze und Seidenstoffe, die von Italien über die Alpen nach der Schweiz, nach Schwaben und Baiern kamen. In der Vermittlung dieses zwar der Masse nach wenig umfangreichen, aber wertvollen Handels hat frühzeitig die Bedeutung der oberrheinischen, schwäbischen und bairischen

Städte gelegen. Das Meer, nach dem sie hinausschauten, war viel mehr das Adriatische und Tyrrhenische als die Nordsee, und diese Mittlerstellung hat bis zum Ende des Mittelalters an Wichtigkeit stetig zugenommen.

Einen längs der Küste des Atlantischen Europa in ostwestlicher Richtung streichenden Seehandel gab es damals noch nicht, oder höchstens in geringfügigen Spuren. Ein Seitenast des Rheinhandels zog sich nordostwärts nach Skandinavien, aber er konnte sich an Bedeutung mit dem englischen Verkehrsweg nicht messen.

Die verhältnismäßig kurze Küstenlinie des damaligen Deutschen Reiches darf also nicht darüber täuschen, daß die Lage Deutschlands keineswegs ungünstig war. Der wichtigste Seehandel des Atlantischen Europa wuchs damals gleichsam aus der Rheinmündung hervor und verhalf frühzeitig bedeutenden Emporien, wie Wijk bij Duurstede, später Utrecht, Deventer, Tiel, endlich dem reichen, mächtigen Köln zur Blüte. Man hat früher viel davon gesprochen, daß der Welthandel des früheren Mittelalters Deutschland vollständig umgangen habe, in einem Viereck, das etwa durch die Punkte Konstantinopel, Nowgorod, London, Marseille bezeichnet wird. Aber das ist nicht richtig. Von einem „Welthandel" von Westasien über die Ostsee nach Westeuropa kann gar keine Rede sein, und soweit ein Austausch zwischen levantisch-mittelmeerischen und nordwesteuropäischen Produkten stattfand, ging er vielmehr in der Vermittlungszone zwischen Alpen und Nordsee und Kanal vor sich, namentlich auf der Rheinstraße und über die Champagne. Der Ostseehandel jener Tage hatte überhaupt nicht viel zu bedeuten, und die Verdienste der Normannen um die Schaffung eines ostwestlichen Seehandelszuges im Atlantischen Europa liegen viel mehr auf dem nautischen als dem kommerziellen Gebiete.

Die entscheidende Umwälzung in diesen Verhältnissen wurde durch dieselbe Bewegung herbeigeführt, die die Seegrenze Deutschlands so gewaltig ausdehnte, die ostdeutsche Kolonisation. Jetzt erst wurde der weite europäische Nordosten in engere Verbindung mit dem Westen gebracht, und zum ersten Male machte sich nun im Atlantischen Europa jene Scheidung zwischen rohstofferzeugenden Kolonialländern und gewerbtätigen Stammländern bemerkbar, die seitdem für den Verlauf der Seehandelsstraßen entscheidend geblieben ist. Die überseeischen Kolonien des Mittelalters lagen in dem vom deutschen Bürgertum dem Verkehr erschlossenen Ostlande, etwa von der Oder an ostwärts. Reval, Riga, Danzig standen zu Lübeck und Brügge wie im 19. Jahrhundert New York und Baltimore zu Hamburg und Bremen. So richtig übrigens jene Scheidung zwischen rohstofferzeugenden Kolonialländern und industriellen Stammländern den Gegensatz im allgemeinen charakterisiert, so darf man es im einzelnen damit nicht zu genau nehmen. Die Kolonialländer allerdings hatten nur eine geringfügige Gewerbtätigkeit, die nur für den inländischen Bedarf arbeitete. Ihre Exportwaren bildeten ausschließlich Rohstoffe und Nahrungsmittel, am frühesten Pelzwerk, dann die Waldwaren: Bauholz, Pech, Teer, weiter Hanf und Flachs, schwedisches Eisen, sodann die Erzeugnisse der Bienenzucht, Wachs und Honig, von denen das eine zu Kultuszwecken, das andere als Ersatz für Zucker eine weit größere Bedeutung als gegenwärtig besaß; endlich seit dem 15. Jahrhundert in zunehmendem Maße Getreide. Die Hauptstärke der westlichen Stammländer dagegen lag allerdings in ihrer Gewerbetätigkeit. Die niederländische Tuchweberei, die rheinische Metallindustrie, die Bierbrauerei der wendischen Städte versorgten nicht nur das Inland, sondern vor allem den kolonialen Osten mit ihren

Erzeugnissen. Aber daneben war der Westen auch selbst ein gewaltiger Produzent von Rohstoffen, z. B. von Wolle, Getreide, Holz, Kupfer, Blei. Wurden diese auch zumeist im Westen selbst konsumiert, hatten also für den ost-westlichen Seehandel keine Bedeutung, so lieferte doch der Westen dem Osten mindestens einen sehr wichtigen Roh- oder Nahrungsstoff, nämlich das Salz.

Wie stellt sich nun die Lage Deutschlands zu diesen neueröffneten Seeverkehrswegen dar? Wir müssen da zwei Systeme von Seehandelsstraßen unterscheiden. Das eine besteht aus der Kette jener Verbindungen, die in ihrer Gesamtheit eben den ost-westlichen oder baltisch-niederländischen Handelszug ausmachen. Er bewegt sich längs der deutschen Küste hin. Allerdings liegen die äußersten Endpunkte dieses Seehandelsweges — Brügge und London einerseits, Nowgorod anderseits — außerhalb der deutschen politischen Sphäre. Aber im ganzen besteht doch die eigentümliche Tatsache, daß Deutschland in sich selbst die Gegensätze zwischen rohstofferzeugendem Kolonialland und industriellem Stammland vereinigte, daß also einer der wichtigsten Seeverkehrszüge des Mittelalters gewissermaßen im Bereich deutscher Küstenschiffahrt verblieb. Denn der gewerbtätige Westen, besonders Rheinland-Westfalen, konsumierte einen großen Teil der östlichen Kolonialprodukte. Diese Produkte entstammten zwar nur zum kleineren Teil dem deutschen Siedlungsland (Preußen, Pommern), aber ihr Export lag doch in der Hand der rein deutschen Kolonialstädte. So sehr beherrschten damals die Deutschen den Ostseehandel und damit die wichtigste Seeverkehrsstraße der Zeit, daß die Hanse es wagen konnte, auch der Nordseeschiffahrt bestimmte, aus den klimatischen Verhältnissen der Ostsee erwachsene Regeln vorzuschreiben. Sie verbot die Winterschiffahrt zwischen dem 11. November und 22. Februar, um nicht die in dieser Zeit vom Eise blockierten Ostseestädte gegenüber den Nordseestädten zu benachteiligen. Eine günstigere Lage als die des damaligen Deutschland zu dem ostwestlichen Seehandelszuge läßt sich also kaum denken, und um die Gunst der Lage zu vollenden, kam jenes barriereartige Vorspringen Jütlands hinzu. Während der Verkehr sonst naturgemäß an der Mitte ohne nähere Berührung vorübergezogen wäre, schöpften nunmehr die in der Mitte zwischen dem kolonialen Osten und dem gewerblichen Westen gelegenen wendischen Städte, besonders Lübeck und Hamburg, ihre Hauptbedeutung gerade daraus, daß sie den von Osten und Westen heranflutenden Verkehr aufnahmen und über die holsteinische Landstraße leiteten.

Wie in einem Gewebe die Kettenfäden mit dem verbindenden Einschlag, so kreuzte sich mit den ostwestlichen Verkehrsbahnen ein System mehr nordsüdlich gerichteter Querwege. Einen dieser Querwege kennen wir schon: es ist der alte rheinisch-englische, etwa durch die Endpunkte Köln—London bezeichnete, ehemals der Haupttrakt des nordwesteuropäischen Seeverkehrs, jetzt zu einem Seitenast herabgesunken. Wie nun England dem Nordwestrand des Kontinentalrumpfes, so liegt Skandinavien dem Nordrand gegenüber, und zwischen diesen beiden Gegenküsten entwickelte sich — senkrecht zum niederländisch-baltischen Handelszug — eine Reihe von Verkehrslinien. Ich nenne als die wichtigsten die Verbindungen: Kampen und Deventer—Bergen, Bremen—Bergen (später auch: Hamburg—Island), Lübeck—Bergen, Rostock und Wismar—Oslo (Christiania), Lübeck—Schonen, Danzig — Schonen, Lübeck—Stockholm. Die Hauptbedeutung Skandinaviens für den Seehandel beruhte in dem Fischreichtum der dortigen Meere. Bergen und Skanör-Falsterbo an der Südwestecke Schonens waren die größten Fischexportplätze des Mittelalters; die Wichtigkeit des Fischexports war zum Teil, wie die der livländischen Wachsausfuhr, im katholischen Kultus begründet. Brügge, Kampen-Deventer, Bremen, Lübeck, Stettin, Danzig bezeichnen die kontinentalen Einfallstore des nordischen Klippfischs und Heerings, der nachweisbar flußaufwärts bis an die Alpen verfrachtet wurde. Umgekehrt gelangte teils aus den Küstenstädten, teils flußabwärts aus dem Innern Deutschlands und Pofracht nach lens die Gegen-Skandinavien, in erster Linie Bier, Getreide, Malz, Mehl, dann Tuche, Lein- wand und industrielle Kurzwaren ("Tand und Quant«). Fassen wir, wie ich schon vorhin sagte, die Flüsse als Fortsetzungen des Meeres ins Innere des Kontinentes auf, so zeigt sich, daß die hansischen Seestädte in den Schnittpunkten der beiden Verkehrssysteme lagen, des niederländisch-baltischen Längsweges und der Querwege zwischen dem Kontinentalrumpf und den vorgelagerten Gegenküsten. Ein Platz wie Lübeck nahm wie ein großes Sammelbecken alles in sich auf, was auf beiden

Die hier abgebildeten beiden Wappenschilder der Lübecker Nowgorodfahrer und Bergenfahrer befinden sich im Museum für Kunst- und Kulturgeschichte zu Lübeck. Sie sind hier wiedergegeben, um zwei der wichtigsten Seehandelswege Deutschlands im Mittelalter zu symbolisieren: das der Nowgorodfahrer-Kompagnie (S. 18) für den ost-westlichen Längsweg, das der Bergenfahrer-

Wegen heranströmte, und gab es je nach Bedarf nord-südlich oder ostwestlich weiter. Kurz, die deutsche Küste nutzte damals die Vorteile ihrer europäischen Mittellage in vollem Maße aus, und diese Vorteile beruhten wesentlich darauf, daß die Hansestädte gleichzeitig die Ein- und Ausfuhrplätze der größten kolonialen Rohstoffgebiete wie der altkultivierten gewerbreichen Landschaften Westdeutschlands waren. — Stellen wir diesem Verkehrszustand den der Gegenwart gegenüber, so springt die große Verschiedenheit in die Augen. Wie ist nun die Veränderung vor sich gegangen? In der Regel pflegt man die Entdeckungen des ausgehenden 15. Jahrhunderts, die Auffindung der Neuen Welt und des Seeweges nach Ostindien, als Ursache der Verschiebung der Welthandelswege anzugeben. Und das Richtige ist hier in der Tat herausgefühlt, nur eben mehr gefühlt als zutreffend ausgesprochen. Die Verlegung der kolonialen Rohstoffproduktion in die überseeischen Erdteile ist in Wahrheit die entscheidende Ursache, nur

---

Kompagnie (S. 19) für einen der nord-südlichen Querwege. Auf dem Umschlag dieses Heftes sind ihnen die Wappen des Norddeutschen Lloyd und der Hamburg-Amerika Linie (siehe diese auf S. 32) als Symbole der neuen transozeanischen Seehandelswege Deutschlands gegenübergestellt.

ist die Umwälzung viel langsamer und in ihren wichtigsten Stadien viel später vor sich gegangen, als man gewöhnlich annimmt. Noch zu Beginn des 19. Jahrhunderts bestand das mittelalterliche Seeverkehrssystem in seinen Grundzügen unerschüttert fort, und erst zwischen 1840 bis 1870 sind die wirklich entscheidenden Verschiebungen eingetreten. Ich will versuchen, einige markante Züge der Entwicklung deutlicher zu machen.

Im 16. Jahrhundert prägte sich die Sonderung zwischen kolonialem, rohstofferzeugendem Osten und industriellem Westen schärfer als bisher aus. Die große Verdichtung der Bevölkerung, besonders in den Niederlanden, auch in Spanien-Portugal, rief einen erhöhten Bedarf an Getreide, an Rohstoffen für Haus- und Schiffbau und dergleichen hervor. Danzig wurde damals der große Getreidelieferant Europas. Es exportierte gegen Ende des 16. Jahrhunderts jährlich über 120 000 t Getreide (für die Zeit eine bedeutende Quantität), und versorgte mit polnischem Getreide nicht nur die Niederlande und die iberische Halbinsel, sondern seit dem Ende des 16. Jahrhunderts auch Italien. Die Vorteile seiner Lage als Weichselmündungshafen kamen damals voll zur Geltung. Aber es war damals de facto keine deutsche Hansestadt, sondern eine polnische Stadt, und ebenso fielen Reval und Riga an Schweden und Polen. Nicht die deutsche Hanse als Vertreterin deutscher Wirtschaftsinteressen, sondern jene fremden Mächte wurden also die Nutznießer der bevorzugten Lage der Städte.

Eine Konkurrenz erwuchs der baltischen Getreideausfuhr seit dem 17. und 18. Jahrhundert in Archangel, wohin südrussisches Getreide im Winter auf Schlitten transportiert wurde. Aber die Stellung der baltischen Häfen als der vornehmsten Getreidelieferanten Europas wurde dadurch nicht erschüttert. Noch in den 30er,

40er Jahren des 19. Jahrhunderts bezog England den größten Teil seines Bedarfs an fremdem Getreide aus den preußischen Häfen. Ebenso bedeutete das Aufkommen des norwegischen Holzgeschäfts im 16. Jahrhundert mehr eine Ergänzung als eine Verdrängung des baltischen Holzexports. Denn Danzig lieferte vorwiegend Eichen-, Norwegen Nadelholz.

Ein für die Stellung Deutschlands zur See und zu den Seehandelsstraßen sehr wichtiger Vorgang ist die — nicht formelle, aber faktische — Trennung Hamburgs von der Hanse um die Wende des 16. zum 17. Jahrhundert. Sie erfolgte, weil Hamburg an der Möglichkeit verzweifelte, das monopolistisch gefärbte hansische Handelssystem aufrecht zu erhalten. Bisher hatte Hamburg seine Hauptbedeutung in seiner Mittelstellung für den baltisch-niederländischen Handelszug gehabt. Es war gewissermaßen der Nordseehafen Lübecks, wie man umgekehrt gegenwärtig Lübeck als den Ostseehafen Hamburgs bezeichnen kann. Jetzt nahm es die englischen Merchant Adventurers in seinen Mauern auf, die ganz Deutschland mit ihren Tuchen überschwemmten, und damit war die Bahn vorgezeichnet, auf der Hamburg zur Größe emporwachsen sollte. Es wurde der wichtigste Importplatz überseeischer Produkte und Fabrikate für Deutschland, und in seiner wachsenden Bedeutung als Importplatz liegt ein Symptom der allmählichen Verschiebung der Seehandelsstraßen, der langsam zunehmenden Bedeutung der tropischen und transatlantischen Rohstofferzeugung. Zu den ersten tropischen Produkten, die eine wirklich bedeutende Rolle für den Seefrachtverkehr und für den Import Hamburgs spielten, zählte der Zucker (von den Kanarischen Inseln, Madeira, Westindien, Brasilien), der den europäischen Honig als Süßmittel ersetzte. Jetzt kam auch die früher geschilderte Konfiguration des norddeutschen Tieflandes zugunsten Hamburgs zur Geltung. Das Urstromtal wurde der Weg, auf dem Hamburg den Markt für Kolonialprodukte auch in Ostdeutschland eroberte. Epochemachend für die Verbindung Hamburgs mit dem Osten hat der Bau des Friedrich-Wilhelm-Kanals (bei Müllrose) durch den Großen Kurfürsten 1662 bis 1669 gewirkt, der eine große durchgehende Wasserstraße von Breslau bis Hamburg schuf. Es war nur natürlich, daß im Austausch gegen die Kolonialimporten nun auch ostdeutsche Erzeugnisse, namentlich schlesisches Leinen, den Ausweg nach der Nordsee suchten, zumal gleichzeitig der dänische Sundzoll in wachsendem Maße den Warenverkehr nach und von der Ostsee verteuerte. Überhaupt hat die schon erwähnte Absperrung der Strommündungen durch die fremden Mächte den Ausschlag gegeben, daß die brandenburgische Verkehrspolitik die Richtung nach der Nordsee begünstigte. Denn wenn auch die Ufer der Elbmündung ebenfalls unter dänischer und schwedischer Oberhoheit standen, so konnte doch der Seeverkehr in Hamburg noch direkt einen unabhängigen deutschen Hafen erreichen.

So begann sich allmählich eine Neuorientierung des deutschen Binnenlandes in der Richtung nach der Nordsee anzubahnen, zunächst für den Verkehr mit hochwertigen Kolonial- und Gewerbeprodukten. Die Ostseehäfen sahen sich immer ausschließlicher auf den weniger einträglichen Massenverkehr mit Rohstoffen beschränkt. Die entscheidenden Schicksalsschläge für die Ostseeplätze sind aber, wie gesagt, erst im 19. Jahrhundert erfolgt, als neu eröffnete Erzeugungsstätten ihnen in ihrer eigensten, bisher kaum bestrittenen Domäne, in der Getreide- und Holzausfuhr, Konkurrenz zu machen begannen. Seit den 40er Jahren machte sich der Wettbewerb der russischen Schwarzmeerhäfen in der Getreideausfuhr nach Großbritannien bemerklich, und seitdem nach Aufhebung der englischen Navigationsakte 1850 auch fremde z. B. deutsche Schiffe zwischen den südrussischen Plätzen und England verkehren durften, überflügelte die Getreideschiffahrt aus dem Schwarzen Meere die aus der Ostsee vollständig. Die Vereinigten Staaten von Nordamerika verfünffachten in der Zeit von 1850 bis 1884 ihren Weizenertrag und rückten seit 1869 in die Stelle des ersten Getreidelieferanten Großbritanniens ein.[1]) Wie vollständig die Verhältnisse sich damals änderten, geht z. B. daraus hervor, daß Stettin sich seit 1872 aus einem Getreideexportplatz in einen Getreideimportplatz verwandelt hat. Außerdem haben neue Getreidearten auf dem Weltmarkt große Bedeutung erlangt, für deren Lieferung die baltischen Länder überhaupt nicht in Betracht kommen, wie Reis und Mais.

Ähnlich, wenn auch nicht ganz so ungünstig für die Ostsee, steht es mit der Holzausfuhr. Auch hier haben transozeanische Länder der einstigen Monopolstellung gewaltig Abbruch getan. Schon in den ersten Jahrzehnten des 19. Jahrhunderts wurde in England durch Prohibitivmaßregeln die Einfuhr baltischen Holzes zugunsten des kanadischen stark behindert. Es gingen nach Großbritannien:

[1]) Getreideexport seewärts 1878:

Russische Schwarzmeerhäfen . . .	3 147 000 t
Untere Donauhäfen	945 000 t
Schwarzmeer . .	4 092 000 t
Russische Ostseehäfen	1 635 000 t
Deutsche Ostseehäfen	1 036 000 t
Ostsee .	2 671 000 t
Vereinigte Staaten (1877/78) . . .	4 242 000 t
Schwarzmeer . . . | Vereinigte Staaten . |	8 334 000 t = mehr als dreimal soviel wie Ostsee.

Seitdem hat sich das Verhältnis noch weit mehr zu ungunsten der Ostsee verschoben.

1800: 176 000 loads Ostseeholz,
      2 500   „   kanadisches Holz,
1821: 92 000 „   Ostseeholz,
      295 000 „   kanadisches Holz.

Die meisten Rohstoffe und Genußmittel, die jetzt bestimmend für den Verlauf und die Frequenz der Seehandelsstraßen der Welt sind, waren der älteren Zeit überhaupt unbekannt, so Kaffee und Tabak. Baumwolle aus Nordamerika und Ostindien, Salpeter und Guano aus Südamerika, Petroleum aus den Vereinigten Staaten und Rußland sind sämtlich Hauptgüter des Seeschiffahrtsverkehrs, die erst im Laufe des 19. Jahrhunderts ihre beherrschende Bedeutung erlangt haben.

So haben die baltischen Länder ihre Stellung als die Rohstoffe und Nahrungsmittel liefernden Kolonialländer Europas par excellence verloren. Die Ostsee ist zu einem Seitenast, gewissermaßen einem toten Strang des Welt-Seeverkehrs herabgesunken, die Nordseehäfen Hamburg und Bremen sind die Tore des Verkehrs geworden, der Deutschland mit den nunmehr transozeanischen Kolonialländern verbindet. Wie ist unter diesen Verhältnissen gegenwärtig die Lage Deutschlands zur See zu beurteilen?

Soviel ist zunächst klar, daß die Lage aus einer Mittellage zu einer Randlage geworden ist. Die Zentren der Konsumtion und der gewerblichen Produktion haben sich gegen früher nicht wesentlich verschoben, sie liegen wie in alter Zeit überwiegend in, sagen wir: Westelbien. Aber der Welthandel, der früher von Osten kommend sich längs der deutschen Küste bis zu den westdeutschen Strommündungen hin bewegte, kommt jetzt von Westen, endet bereits in eben diesen Strommündungen und läßt drei Viertel der deutschen Küste mehr oder minder unberührt. Dadurch hat diese ihren Doppelcharakter einer kolonialen Rohstoff-Exportküste im Osten und einer

Importküste im Westen verloren. Auch die Ostseehäfen, allen voran Stettin, haben sich zu Häfen nach dem Muster Hamburgs umgebildet, bei denen der koloniale Rohstoffimport voransteht, und nur in den östlichsten Plätzen, z. B. Danzig und Memel, haben sich noch Spuren des alten kolonialen Rohstoffexports erhalten.

Da also gegenwärtig Deutschlands Lage zur See in der Lage der Nordseehäfen ihren maßgebenden Ausdruck findet, empfiehlt es sich, diese zunächst allein ins Auge zu fassen.

Ganz Nordwesteuropa bildet heute noch als der Sitz igsten, konsumfähigsten und in Handel und rigsten Bevölkerung das Zentrum, den Aus- l der Weltschiffahrt. In diesem Länderkomplex, der sich um Kanal und Nordsee gruppiert, haben England und Frankreich die am weitesten nach dem Ozean vorgeschobene Lage, weiter zurück liegen die belgischen und holländischen Häfen, und ganz im innersten Winkel die deutschen Nordseehäfen. England und Deutschland zeigen also den schärfsten Gegensatz der Lage. Die vorgeschobene Lage Englands wird dabei häufig als ein großer Vorzug betrachtet. Prüfen wir diese Ansicht auf ihre Berechtigung, so würde sich ein solcher Vorzug nur in folgenden Momenten erblicken lassen:

1. in der geringeren Entfernung von den transozeanischen Gegenküsten, namentlich von den Vereinigten Staaten;
2. in der mangelnden Vereisung im Winter, und
3. in der größeren Fluthöhe der meisten Häfen.

Die beiden letztgenannten Punkte sind für die lokale Zugänglichkeit der Häfen von Bedeutung. Wir können sie kurz erledigen. Die mangelnde Vereisung ist allerdings ein Vorteil gegenüber den deutschen Ostseehäfen, kaum aber gegenüber den Nordseehäfen. Denn hier spielt die Störung des Verkehrs durch Eis von Jahr zu

Jahr eine geringere Rolle, und bei den heutigen technischen Hilfsmitteln kann eine völlige Unterbindung des Verkehrs durch Eis kaum mehr eintreten. Die größere Fluthöhe in den englischen Flußmündungen erleichtert ferner in der Tat den Verkehr bei dem ständig zunehmenden Raumgehalt und Tiefgang der Schiffe. Aber auch diese Frage ist sozusagen vorläufig nicht aktuell, denn nach der Versicherung der Hamburger Strombauverwaltung ist sie in bezug auf die Tiefe der Niederelbe den höchsten Anforderungen der Praxis ständig um 1 bis $1^1/_2$ m voraus. Es bleibt als letzter angeblicher Vorzug die geringere Entfernung von den transozeanischen Gegenküsten. Nun, in Wirklichkeit ist das gar kein Vorzug, sondern ein Nachteil. Denn es kommt ja im Güterverkehr, der am meisten ins Gewicht fällt, nicht auf möglichste Verkürzung der Seereise, sondern im Gegenteil auf möglichste Ausdehnung an; denn der Seetransport ist ja ungemein viel billiger als der Landtransport, und je näher man daher das billige Transportmittel, das Seeschiff, an die wichtigsten Konsumtions- und Produktionsstätten heranführen kann, desto besser ist es. Darin liegt also ein gewaltiger Vorzug der belgischen, holländischen und deutschen Nordseehäfen vor den englischen. Denn Antwerpen, Rotterdam, Hamburg stehen in direkter und sehr viel kürzerer Verbindung mit den Hauptsitzen europäischer Gewerbtätigkeit und Konsumtion in den mittleren Teilen des Kontinents. Hamburg ist nicht nur Ein- und Ausfuhrhafen für den größten Teil Deutschlands, sondern auch für Böhmen, Mähren, Österreich, ja sogar Galizien und Nordungarn. Ähnlich steht es mit Antwerpen und Rotterdam. Die britischen Häfen dagegen sind direkt nur die natürlichen Versorger des eigenen Landes, das sich trotz der ungemein hohen Entwicklung seiner Industrie an Umfang, Bevölkerungszahl und Aufnahmefähigkeit mit der Einflußsphäre der kontinentalen Nordseehäfen nicht messen kann. Also, um es zu wiederholen, die vorgeschobene Lage Englands „dicht vor Europa" ist nicht ein natürlicher Vorzug der Lage, sondern ein Nachteil. Es ist aber leicht erklärlich, wie ein solcher Irrtum entstehen konnte. Tatsächlich besaß ja England in der Mitte des 19. Jahrhunderts und besitzt zum Teil noch heute die Stellung eines Stapel- und Umschlagplatzes für den europäischen Seehandel. Diese Stellung ist aber nicht aus der geographischen Lage, sondern rein historisch zu erklären. Im Mittelalter beherrschten die Deutschen die Kolonien und damit die Rohstoffversorgung des Atlantischen Europa. In der neueren Zeit dagegen fiel die Herrschaft der neuentdeckten tropischen und transozeanischen Kolonien den Spaniern und Portugiesen, später den Franzosen, Holländern und Engländern anheim. Demselben Monopolismus, der im Mittelalter die Grundlage des hansischen Handelssystems bildete, huldigten nun auch diese Völker, und teils durch den natürlichen Gang der Dinge, teils durch staatliche Zwangsmittel — ich erinnere an die englische Navigationsakte — lenkte sich der Kolonialhandel direkt ausschließlich nach den Häfen des herrschenden, des Mutterlandes. So sind London und Amsterdam die großen Kolonialwarenmärkte (für Kolonialwaren im engeren Sinne) des 17. und 18. Jahrhunderts geworden, und wenn sie diese Stellung bis heute zum guten Teil behauptet haben, so danken sie das nicht einem geographischen Vorzug, sondern, wie es einmal v. Richthofen ausgedrückt hat, „dem Trägheitsmoment der Gewöhnung", der gewaltigen in ihnen konzentrierten Kapitalskraft, den alterprobten Handelsinstitutionen (z. B. dem Konsignationsgeschäft in London). Trotzdem ist in den letzten Jahrzehnten ein großer Teil der Bedeutung der englischen Häfen auf die günstiger gelegenen kontinentalen Häfen, besonders Hamburg und Antwerpen, übergegangen, und der Abbröckelungsprozeß des englischen Umschlagverkehrs macht immer noch weitere Fortschritte. Der Verkehr strebt, unter Umgehung der Stapelländer, in die kürzeste Linie zu rücken.

In einer Hinsicht könnte man freilich in der vorgeschobenen Lage Englands gegenüber Deutschland doch einen Vorzug erblicken, nämlich für den Personen- und Postverkehr. Die Reise z. B. von Liverpool nach Amerika ist um 1—2 Tage kürzer als von Hamburg. Aber dieser Vorteil wiegt heute nicht mehr sehr schwer, weil die größere Umständlichkeit, den Ausgangshafen zu erreichen, ihn wettmacht. Wenn jemand einmal nach Amerika fährt, ist es für ihn wirklich gleichgültig, ob er einen ganzen oder halben Tag länger auf dem Wasser schwimmt, zumal heute, wo das Seefahren für Kajütspassagiere aus einer Strapaze immer mehr zu einem Vergnügen wird. In der Praxis hat es sich ja auch gezeigt, daß die Hamburger und Bremer Schiffahrtssgesellschaften durch die Ordnung und gute Organisation ihres Dienstes den kleinen geographischen Nachteil auch für die Postbeförderung auszugleichen verstehen.

Alles in allem genommen ist also die Lage für Deutschlands Nordseeküste in der Gegenwart nicht ungünstig, entschieden günstiger als die Englands und Frankreichs, zumal für Hamburg, dem nicht nur ein großer Teil Mitteleuropas, sondern auch das baltische Gebiet als Hinterland anheimfällt. Ein schwerwiegender Mangel in Deutschlands Nordseelage ist freilich der, daß die Mündung des größten deutschen Stromes nicht in deutschen Händen ist. Denn für das ganze Rheinland und das rheinisch-westfälische Industriegebiet sind doch die niederländischen Rheinmündungshäfen die natürlichen Anschlußpunkte an die Seeschiffahrt. Und den Plänen, bei Emden eine deutsche Rheinmündung künstlich zu schaffen, wird kaum ein großer Erfolg beschieden sein.

Ein anderes Gesicht erhält die Frage aber, wenn wir Deutschlands gegenwärtige Seelage mit der in älterer

Zeit, in den Tagen der Hanse, vergleichen. Da hat sie sich entschieden verschlechtert. Denn es bedeutet doch eine Verschlechterung, wenn drei Viertel der deutschen Küste, der dem baltischen Meer zugewandte Anteil, früher ein Ausgangspunkt des Weltverkehrs, jetzt relativ tot als ungenutztes Kapital daliegt.

Ich möchte daher zum Schluß die Frage aufwerfen, inwiefern in diesen Verhältnissen eine Änderung eintreten kann. Die Frage ist durch die Tatsachen eigentlich schon beantwortet, denn der Verkehr der deutschen Ostseehäfen, der längere Zeit ziemlich stagnierte, hat neuerdings einen entschiedenen Aufschwung genommen. Womit hängt das zusammen, und was läßt sich in dieser Hinsicht erwarten?

Es läßt sich selbstverständlich nicht erwarten, daß der Weltverkehr in sein altes Bett zurückkehrt, in dem er im Mittelalter strömte. Darin unterliegen die Dinge einfach dem Gesetz der Raumerweiterung, wie es Friedrich Ratzel formuliert hat. Ein kleines, abgelegenes, abgeschlossenes und klimatisch wenig begünstigtes Meeresbecken wie die Ostsee kann heutzutage, wo die Gestade des Atlantischen Ozeans von mächtig emporstrebenden Staaten, von sich immer mehr verdichtenden Völkermassen umsäumt werden, nicht erwarten, wieder in den Mittelpunkt der Weltschiffahrt gerückt zu werden. Eine bedeutende Entwicklung kann ihm aber deswegen doch beschieden sein.

Die Zukunft der deutschen Ostseehäfen wird namentlich von zwei und zum Teil von einem dritten Umstand abhängen. Die Zeiten sind endgültig vorbei, wo diese Häfen (von den östlichsten vielleicht abgesehen) als Rohstoffexportplätze etwas bedeuten könnten. Es wird also darauf ankommen, ob sich in ihrem Hinterland, in Ostelbien, eine bedeutendere Industrie entwickelt, die vielleicht auch für den Export arbeitet. Ansätze dazu sind ja vielfach vorhanden: an der Küste ist ein hochentwickelter

Schiffbau zuhause, und was die ostmärkische Industrie zu leisten imstande ist, hat sie 1911 auf der Posener Ausstellung gezeigt. Wünschenswert ist es dabei natürlich, daß die Verbindungen aus dem Binnenland nach der Küste noch verbessert werden; die bevorstehende Eröffnung des Großschiffahrtsweges Berlin—Stettin wird zu erweisen haben, was die bessere Erschließung eines industriellen Hinterlandes für den größten deutschen Ostseehafen zu bedeuten hat.

Ein zweiter Umstand, auf den viel ankommen wird, wenn die Lage Deutschlands an der Ostsee wieder mehr zur Geltung kommen soll, ist der, ob das baltische Gebiet wieder in höherem Grade als früher eine Rohstoffproduktionsstätte für die Weltwirtschaft werden kann. Es war ja einer der leitenden Gedanken meiner heutigen Ausführungen, daß die Ostsee durch den relativen Rückgang dieser Rohstoffproduktion ihre ehemalige Weltbedeutung eingebüßt hat. Aber die Entwicklung steht nicht still, und unleugbar zeigen sich in dieser Hinsicht Ansätze eines neuen Aufschwungs der baltischen Länder. In der Holzproduktion spielt die Ostsee immer noch eine große Rolle, und die schwedische Eisenerzeugung hat in den letzten Jahren eine ganz gewaltige Steigerung erfahren. Ein großer Teil dieses schwedischen Eisens von Gellivara und Grängesberg gelangt über Luleå und Oxelösund nach den deutschen Ostseehäfen, Danzig, Stettin, Lübeck, sowie nach dem Ruhrbezirk, zur Verschiffung. Ganz neue Häfen, z. B. Kratzwieck oder Stolzenhagen am Stettiner Haff, dessen Verkehr den von Flensburg und Wismar längst überflügelt hat, verdanken dieser Eisenverschiffung ihre Entstehung. Und wer kann sagen, was in dieser Beziehung noch möglich ist? Welch ungeahnte Perspektiven hat nicht der beginnende partielle Ersatz der Kohle durch das Rohöl oder der Ersatz des Chilisalpeters durch norwegischen Luftsalpeter eröffnet. Die riesigen Wasserkräfte Schwedens und Finnlands werden dazu verhelfen, noch viele verborgene Schätze ans Tageslicht zu fördern. Da nun nach einem geistreichen Vergleich von Sten de Geer für Erdteile wie für einzelne Großstädte der Satz gilt, daß der Verkehr hauptsächlich die peripheren Gebiete mit dem Zentrum verbindet, und da das nächste Konsumtionszentrum für die baltischen Länder vorläufig und bis auf weiteres in Deutschland liegt, so kann man aus alledem den deutschen Ostseehäfen kein ungünstiges Prognostikon stellen. Auch die Ostseelage Deutschlands wird dann wieder mehr zur Geltung kommen, aber sie wird, anders als im Mittelalter, weniger in direkter Beziehung zum Nordseeverkehr stehen, sondern gewissermaßen eine Sache für sich sein. Das Ostseegebiet trägt jetzt vorwiegend den Charakter eines in sich geschlossenen Verkehrsgebietes, und es läßt sich voraussehen, daß die Mittel und Institutionen des Ostseeverkehrs allmählich vielleicht ein eigenes, von dem der ozeanischen Seeschifffahrt verschiedenes Gepräge erhalten werden, ähnlich wie es z. B. auf den nordamerikanischen Binnenseen der Fall ist.

Ihre besondere Komplikation erhält die Lage der östlichsten deutschen Ostseehäfen dadurch, daß sie durch die politische und Zollgrenze Rußlands von ihrem natürlichen Hinterland abgesperrt sind. Es ist der gleiche Fall — nur im umgekehrten Sinn — wie an der Rheinmündung, nur daß eben hinter Ost- und Westpreußen kein rheinisch-westfälischer Industriebezirk, sondern ein dünnbesiedeltes Ackerbau- und Waldland mit nur wenigen Industriezentren liegt. Wäre Polen nicht Polen, wäre die russische Absperrungsmethode nicht, wären Weichsel und Niemen wirklich die mächtigen Ströme, als die sie auf der Karte erscheinen, und nicht vielmehr dank der liebevollen russischen Fürsorge fast versandete Gewässer, so könnte man wohl davon träumen, aus Danzig und Königsberg ein baltisches Antwerpen und Rotterdam zu machen.

Die — allerdings sehr unwahrscheinliche — Änderung der russischen Zoll- und Verkehrspolitik wäre also der dritte Umstand, der auf die künftige Entwicklung der östlichen deutschen Ostseehäfen von Einfluß sein würde.

Ich erwähnte vorhin, daß gegenwärtig noch Nordwesteuropa unbestritten den Zentralpunkt, das Herz der Weltschiffahrt bildet. Die Anzeichen mehren sich aber, daß darin allmählich ein Umschwung zu stärkerer Dezentralisation des Verkehrs über die ganze Erde hin eintreten wird. Die bevorstehende Eröffnung des Panamakanals wird eine gewaltige Förderung dieser Tendenz bewirken. Wie auf dem Gebiete der Seemacht, so wird auch auf dem Gebiete des Seeverkehrs ein größerer Ausgleich der Kräfte stattfinden, es wird immer schwieriger werden, historisch begründete oder künstlich geschaffene Monopole aufrecht zu erhalten, und dementsprechend werden die Wirkungen der geographischen Lage der einzelnen Länder vielleicht klarer zum Ausdruck kommen als bisher. Wir wollen zufrieden sein, wenn wir dann von uns sagen können, was der alte Justus Möser seinen der See entfremdeten Zeitgenossen zurief: „Deutschland hat seine Häfen wie andere Reiche und ist zur Handlung so gut gelegen als das beste."